BEI GRIN MACHT SICH IHR WISSEN BEZAHLT

- Wir veröffentlichen Ihre Hausarbeit,
  Bachelor- und Masterarbeit

- Ihr eigenes eBook und Buch -
  weltweit in allen wichtigen Shops

- Verdienen Sie an jedem Verkauf

Jetzt bei www.GRIN.com hochladen
und kostenlos publizieren

Bibliografische Information der Deutschen Nationalbibliothek:

Die Deutsche Bibliothek verzeichnet diese Publikation in der Deutschen National-
bibliografie; detaillierte bibliografische Daten sind im Internet über http://dnb.d-
nb.de/ abrufbar.

Impressum:

Copyright © 2014 GRIN Verlag
Druck und Bindung: Books on Demand GmbH, Norderstedt Germany
ISBN: 9783668636170

Dieses Buch bei GRIN:

https://www.grin.com/document/389021

Jonas Bickmann

Der Langemarck Mythos

Historischer Kern und Verwendung in Weimarer Republik und 3. Reich

GRIN Verlag

GRIN - Your knowledge has value

Der GRIN Verlag publiziert seit 1998 wissenschaftliche Arbeiten von Studenten, Hochschullehrern und anderen Akademikern als eBook und gedrucktes Buch. Die Verlagswebsite www.grin.com ist die ideale Plattform zur Veröffentlichung von Hausarbeiten, Abschlussarbeiten, wissenschaftlichen Aufsätzen, Dissertationen und Fachbüchern.

Besuchen Sie uns im Internet:

http://www.grin.com/

http://www.facebook.com/grincom

http://www.twitter.com/grin_com

Der Langemarck Mythos

Historischer Kern und Verwendung in

Weimarer Republik und 3. Reich

Inhaltsverzeichnis

Der Langemarck-Mythos

1. *Einleitung:*

„Westlich Langemarck brachen junge Regimenter unter dem Gesange „Deutschland, Deutschland über alles" gegen die erste Linie der Feindlichen Stellungen vor und nahmen sie. Etwa 2000 Mann französischer Linieninfanterie wurden gefangen genommen und sechs Maschinengewehre erbeutet."[1]

Diese Zeilen begründen den Mythos von Langemarck. Der folgende Aufsatz wird die Geschehnisse um Langemarck zunächst in den historischen Kontext einordnen, um dann den Historischen Kern des Langemarck-Mythos zu analysieren, indem der Aufsatz den Bericht der Obersten-Heeresleitung auf seinen Wahrheitsgehalt prüft. Hierzu werden unter anderem Frontberichte deutscher Soldaten zur Rate gezogen.

Darauffolgend beschäftige ich mich mit der Frage nach der Verwendung des Mythos zur Zeit der Weimarer Republik und des 3. Reichs, in dem die Toten von Langemarck zu Heldenikonen stilisiert wurden.

Relevant ist diese Frage insofern, als das Propaganda eine tragende Säule des Systems im Dritten Reich bildete. Auch heute noch wird den Gefallenen von Langemarck, zumeist von Burschenschaften, gedacht. [2]

Der Langemarck-Mythos bezieht sich auf einen Bericht der Obersten Heeresleitung vom 10. November 1914,somit ist der Mythos in die Zeit der sogenannten 'Ersten Flandernschlacht' in Belgien einzuordnen. Diese ereignete sich vom 22. Oktober – 15. November nahe der Stadt Ypern. Im Vorfeld waren die Deutschen Truppen im Zuge des Schlieffenplan[3] bis an die Marne vorgerückt, wo sie von Französischen Truppen bei der Marneschlacht (5. - 12. September) aufgehalten wurden. Infolgedessen kam es zum sogenannten 'Wettlauf zum Meer', bei dem beide Kriegsparteien versuchten, den jeweiligen Gegner auf dem Weg zur französischen Küste zu flankieren.[4]

---

[1] Dithmar, Reinhard (Hrg.), Langmarck. Ein Kriegsmythos in Dichtung und Unterricht. Ludwigsfelde 2002 S.53.

[2] Vgl. Dr. Merkel, Hans, Totenehrung an der Zentralen Gedenkstätte der Deutschen Burschenschaften, Online unter http://www.burschenschaftliche-blaetter.de/netzversion/detailansicht/meldung/400/totenehrung.html [Abgerufen 26.03.15].

[3] Der Schlieffenplan war ein Militärstrategischer Plan, der vorsah, im Falle eines Krieges an zwei Fronten die Streitkräfte zunächst auf die Westfront zu konzentrieren, um einen schnellen Sieg gegen Frankreich zu erringen. Geplant war mit einem Teil der Streitkräfte über Belgien vorzurücken, um den Französischen Truppen in den Rücken zu fallen.

[4] Vgl. Dithmar , Reinhard(Hrg.), Langemarck, S.24. [1]

2.1 *Historischer Kern:*

Der Mythos von Langemarck glorifiziert eine Schlacht bei Langemarck, bei der, laut Mythos, junge Soldaten das Deutschlandlied singend, den Feind angriffen.

Betrachtet man jedoch die historischen Quellen, so stellt sich heraus, dass das Singen von den Soldaten bekannten Liedern wie dem Deutschlandlied weder ein Einzelfall, noch patriotisch war, sondern häufiger vorkam, um den Beschuss durch eigene Kompanien zu vermeiden. Diese These stützt sich auf die Aussage von Otto Benecke, der im Oktober 1914 bei Langemarck verwundet wurde. Er schrieb in einem Leserbrief 1955 über seine Erlebnisse:

> *„[...] Plötzlich fühlten wir, dass wir nicht nur von vorn, sondern auch von seitlich hinten beschossen wurden. Unser Bataillonskommandeur [...] befahl „hinwerfen" und – da wir weiter von hinten beschossen wurden - „singen". Da lagen wir nun auf der Strandstraße und sangen, was uns einfiel – das Deutschlandlied, Volkslieder, Studentenlieder - , um uns*
> *den deutschen Truppen zu erkennen zu geben. Wie ich höre ist das auch bei anderen Regimentern geschehen[...]"* [5]

Gleiches belegt auch ein Frontbrief, der auf Ende Oktober 1914 datiert ist. Der Verfasser berichtet hier, nicht wenige Soldaten seien in dieser Zeit durch Beschuss aus den eigenen Reihen gefallen.[6]

Betrachtet man den Bericht der Obersten-Heeresleitung weiter, ist auch die generelle Aussage des 'singenden Ansturms' fraglich. So berichtet auch Otto Benecke weiter, er habe sich während der Zeit als Verwundeter gefragt, wie man bei einem Sturmangriff singen könne.[7]

Des Weiteren ist im Bericht der Obersten-Heeresleitung die Rede von Jungen Regimentern, wobei jedoch der Anteil an Schülern und Studenten gemessen an der Zahl aller Soldaten des Regimentes gering war:

> *Der Anteil der Schüler kann schon mit Rücksicht auf das Lebensalter nicht hoch gewesen sein. Von den Studenten standen im SS 1914 und im WS 1914/1915 im Wehrdienst 40.761. Selbst wenn alle den 4 Reservekorps (120.000) angehört hätten, würde ihr Anteil nur ein Drittel der Gesamtstärke ausmachen.* [8]

Dies, sowie die Fragwürdigkeit des Singens während des Angriffes lassen schließen, dass der Bericht der Obersten-Heeresleitung mehr der Propaganda als einer generellen Berichterstattung zweckdienlich war.

Eine andere Interpretation des Begriffes 'Junge Regimenter' könnte der Verweis auf den Fakt sein, dass diese Regimenter erst vor kürzerer Zeit ausgehoben worden waren und daher noch 'jung' waren. Dies lässt sich insofern gut begründen, als das tatsächlich 4 neue Reservekorps in

---

[5] Benecke, Otto, Langemarck-Legende, In: Dithmar, Reinhard (Hrg.), Langemarck. Ein Kriegsmythos in Dichtung und Unterricht, Ludwigsfelde 2002 S.17.

[6] Vgl. Thimm, Ulrich, Flandern, Ende Oktober 1914, In: Dithmar, Reinhardt (Hrg.), Langemarck. Ein Kriegsmythos in Dichtung und Unterricht, Ludwigsfelde 2002 S.231.

[7] Vgl. Benecke, In: Dithmar, Reinhard(Hrg.), S.18. [4]

[8] Dithmar, Reinhard (Hrg.), Langemarck, S.15. [1]

Flandern ausgehoben wurden. [9]

Dennoch ist anzunehmen, dass der Patriotismus und die Opferbereitschaft, die der Bericht nahelegt, ein wirklicher Bestandteil der Mentalität der deutschen Soldaten war. Dies ist Frontbriefen Deutscher Soldaten zu entnehmen:

„[...]ich will kämpfen und vielleicht auch sterben für den Glauben an ein schönes, großes, erhabenes Deutschland[...]"[10] schreibt einer der Soldaten. Ein anderer vertritt die Meinung, da der Krieg nun begonnen habe, müsse man auch in ihm für sein Volk kämpfen. Weiter spricht er über die Wichtigkeit von Opferbereitschaft. [11]

Abschließend ist die Diskrepanz zwischen Berichterstattung Geschehnissen in der Frage nach dem militärischen Erfolg zu betrachten. Während der Bericht sehr positiv formuliert ist und von übernahm feindlicher Linien sowie Gefangenen spricht, gilt die Schlacht von Langemarck als militärisch unbedeutend [12], oder aber sogar als Fehlschlag, wie sie beispielsweise von Paul von Hindenburg gesehen wird. Er bezeichnet die Geschehnisse als sinnlose Vernichtung eigener Truppen. [13]

2.2 *Der Langemarck-Mythos in Weimar und im 3. Reich*

Neben der starken Forderung nach Revision des Versailler Vertrages stellte sich die NSDAP wie keine andere Partei in der Weimarer Republik als eine Partei für ehemalige Frontsoldaten dar. Es galt die Forderung nach einer besseren Integration von Kriegsgeschädigten in die Gesellschaft. Der Frontsoldat galt nach NS-Ideologie als das Vorbild für den neuen Menschen. [14] Zum gedenken an die Toten wurde zunächst 1925 der Volkstrauertag vom Volksbund Deutsche Kriegsgräberfürsorge eingeführt. Dieser wurde 1934 durch den Heldengedenktag ersetzt. [15] Weiter war auch der Totenkult zentrales Element, welcher im späteren NS-Staat unter anderem bei der Jugendbildung pädagogisches Werkzeug zum Zweck der „Mentalen Mobilmachung" diente, „als Vorbild und Verpflichtung für den Krieg der Zukunft. Folglich ist es offensichtlich, dass der Mythos von den jungen, patriotischen Soldaten von Langemarck sich gut in diese Ideologie einfügte und entsprechend propagiert wurde. Adolf

---

[9]Vgl. Dithmar , Reinhard(Hrg.), Langemarck, S.24. [1]
[10] Alefeld, Emil, Straßburg, 8. Oktober 1914, In: Dithmar, Reinhard (Hrg.), Langmarck. Ein Kriegsmythos in Dichtung und Unterricht, Ludwigsfelde 2002 S.218.
[11] Vgl. Blumenfeld, Franz, Freiburg, 1. August 1914, In: Dithmar, Reinhard (Hrg.), Langemarck. Ein Kriegsmythos in Dichtung und Unterricht, Ludwigsfelde 2002 S.216.
[12]Vgl. Dithmar , Reinhard(Hrg.), Langemarck, S.24. [1]
[13]Vgl. Dithmar , Reinhard(Hrg.), Langemarck, S.18. [1]
[14]Vgl. Löffelbein, Nils, Ehrenbürger der Nation. Die Kriegsgeschädigten des Ersten Weltkrieges in Politik und Propaganda des Nationalsozialismus, Wetzlar 2013.
[15]Vgl. Hirschfeld, Gerhard, Der Führer spricht vom Krieg:. Der Erste Weltkrieg in den Reden Adolf Hitlers, In: Krumeich, Gerd(Hrg.), Nationalsozialismus und Erster Weltkrieg, Großburgwedel 2010, S. 46.

Hitler trieb diese Propaganda selbst voran, indem er sich selbst als einen der Soldaten von Langemarck darstellte. So schreibt er in seinem Buch mein Kampf:

> *„Und dann kommt eine feuchte, kalte Nacht in Flandern, durch die wir schweigend marschieren [...] bis plötzlich [...] der Kmpf [sic.] einsetzte, der Kampf Mann gegen Mann. Aus der Ferne aber drangen die Klänge eines Liedes an unser Ohr und kamen immer näher uns näher, [...] Deutschland, Deutschland über alles, über alles in der Welt!"* [16]

Auch nutzte Hitler das Gedenken an Langemarck als Symbol für die Opfer des Krieges und propagierte damit, die Gefallenen seien unnütz gestorben, sollte man den Versailler Vertrag anerkennen. [17]

Der Nationalsozialismus stilisierte Langemarck zum Epos um den Kampf der Deutschen Frontsoldaten, die Gefallenen wurden zu Idealbildern, welchen nachzustreben sei. Zum Gedenken und zur Förderung dieses Mythos benannte man sowohl Schulen, als auch Straßen und Plätze nach Langemarck. Des Weiteren wurden Institutionen wie der Langemarck-Opferpfennig bzw. die Langemarckspende der deutschen Jugend eingerichtet, als Dank der Jugend gegenüber den den Soldaten. Außerdem entstand das Langemarck-Studium, welches eine Art Stipendium für begabte, jedoch mittellose Männer zwischen siebzehn und vierundzwanzig, darstellte. Ausgewählt wurde nach politischer Förderungswürdigkeit,also „von einer Partei- oder Staatsstelle empfohlene." Somit war es den Nationalsozialisten möglich, nur Parteitreuen den Zugang zum Langemarck-Studium zu geben.

Auch in der Hitler-Jugend waren Totenkult und Verehrung der Gefallenen üblich. [18]

1934 wurde in der Reichsjugendführung das Referat Langemarck gegründet, welches sich um die Heldenehrung und das Gedenken an die Frontsoldaten kümmern sollte, um die Jugend nach Langemarck zu erziehen. [19] Zu diesem Zweck wurde der Mythos von Langemarck auch in den Deutschunterricht mit eingebunden.

> *„Drei Merkworte werden der Deutschen Jugend eingeprägt: Tannenberg[20] für deutsche Führergröße, Verdun[21] für Härte und Leistungsfähigkeit des deutschen Frontsoldaten und Langemarck für das heldische Jugendopfer und den Geist der Freiwilligkeit"* [22]

---

[16]Dithmar , Reinhard(Hrg.), Langemarck, S.22. [1]

[17]Vgl. Dithmar , Reinhard(Hrg.), Langemarck, S.22. [1]

[18]Vgl. Weinrich, Arndt, Zwischen Kontinuität und Kritik:. Die Hitler-Jugend und die Generation der „Frontkämpfer", In: Krumeich, Gerd(Hrg.), Nationalsozialismus und Erster Weltkrieg, Großburgwedel 2010, S. 271.

[19]Dithmar , Reinhard(Hrg.), Langemarck, S.11. [1]

[20]Tannenberg meint die sogenannte 'Schlacht von Tannenberg' 1914, bei der Paul von Hindenburg in Ostpreußen einen Sieg gegen die Russischen Truppen erreichen konnte. Auch hier ist der Name aus propagandistischen Gründen gewählt. 1410 ereignete sich dort eine Niederlage des Deutschen Ritter Ordens gegen die Polen-Litauen. Mit dem Sieg 1914 wollte man diese revidieren.

[21]Verdun meint die Schlacht von Verdun 1916, die als eine der bedeutendsten Schlachten des 1. Weltkrieges gilt. Hierbei versuchte die Oberste Heeresleitung die französische Festung Verdun einzunehmen, im Vordergrund stand jedoch, dass Frankreich aufgrund des Prestiges um Verdun sehr hohe Verluste in Kauf nehmen würde.

[22]Dithmar , Reinhard(Hrg.), Langemarck, S.12. [1]

Vor allem genutzt wurde der Mythos als Thema für Schulfeiern, bei denen zumeist der Heldenhafte Kampf der Frontsoldaten angepriesen wurde. Ein ehemaliger Fachgruppenleiter für die Ausbildung von Referendaren in Geschichte und Deutsch schrieb 1935, ein 'anständiger Unterricht in einer Nationalsozialistischen Schule' solle „nicht objektiv kühl, sondern leidenschaftlich wertend sein und 'zu einer bestimmten inneren Haltung erziehen'."[23] Zur Verwendung des Langemarck Mythos im Unterricht wurden unter anderem mehrere Bücher geschrieben und ein Hörspiel aufgenommen.[24]

Trotz aller Propaganda war der Langemarck-Mythos für Hitler persönlich offenbar von geringerer Bedeutung. Dies ist aus seinen Grußworten an Langemarck-Treffen und Vorworten in Langemarck-Büchern zu erkennen, die stets kurz waren und die Rolle der Studenten gegenüber anderen Klassen zu drücken versuchten. Deutlicher zeigt es sich in Hitlers „Mein Kampf". Sowohl die recht knappe Ausführung der Geschehnisse, die beim lesen den Anschein von Irrelevanz erweckt, als auch die Tatsache, dass, mit Ausnahme des Gesanges, keines der zentralen Elements des Langemarck-Mythos erwähnt wird, zeigen, dass Hitler selbst kein Verfechter des Langemarck Mythos gewesen ist.[25]

Nach der Machtergreifung Hitlers änderte sich das Bild vom Langemarck-Mythos. Die Gefallenen von Langemarck waren nun junge Arbeiter, Handwerker oder Lehrer. Gleichzeitig hob man hervor, dass nur einige wenige der Gefallenen Studenten waren. Grund zu diesem veränderten Blick auf Langemarck war der Prozess der Gleichschaltung, der versuchte, den alleinigen 'Anspruch' der Studenten auf das Erbe von Langemarck, mit Blick auf die Gesamtbevölkerung, zu brechen.[26]

3. *Fazit*
Der vorausgegangene Aufsatz hat deutlich gezeigt, wie stark die vermeintlichen Geschehnisse von Langemarck instrumentalisiert wurden. Es wurde aufgezeigt, dass das Singen während der Schlacht kein Element des Patriotismus der Soldaten gewesen ist, sondern als ein Erkennungszeichen. Weiter wurde gezeigt, dass die so bezeichneten 'jungen' Regimenter, in der Bedeutung von junge Soldaten, nicht existent waren. Weiter war die Schlacht von Langemarck ein militärischer Fehlschlag.

[23]Dithmar , Reinhard(Hrg.), Langemarck, S.9. [1]
[24]Vgl. Dithmar , Reinhard(Hrg.), Langemarck, S.14. [1]
[25]Hüppauf, Bernd, Schlachtenmythen und die Konstruktion des "Neuen Menschen", In: Hirschfeld, Gerhard(Hrg.), Krumeich, Gerd, "Keiner fühlt sich hier mehr als Mensch..." Erlebnis und Wirkung des Ersten Weltkriegs, Düsseldorf 1993 S.55.
[26]Hüppauf, Bernd, Schlachtenmythen, In: Hirschfeld, Gerhard(Hrg.) Erlebnisse des Ersten Weltkrieges, S.54. [25]

Des Weiteren wurde der Mythos genutzt, um während des 1. Weltkrieges der Bevölkerung den Krieg und die Gefallenen gut zu verkaufen, als auch später im Nationalsozialismus. Die Nationalsozialisten machten sich den Langemarck-Mythos zu eigen und verbanden ihn mit ihrem Totenkult und der Forderung nach der Revision des Versailler-Vertrages. Folglich war der Mythos Teil der Propagandamaschinerie der Nazis.

4. Quellenverzeichnis

Alefeld, Emil, Straßburg, 8. Oktober 1914, In: Dithmar, Reinhard (Hrg.), Langmarck. Ein Kriegsmythos in Dichtung und Unterricht, Ludwigsfelde 2002 S.218.

Benecke, Otto, Langemarck-Legende, In: Dithmar, Reinhard (Hrg.), Langmarck. Ein Kriegsmythos in Dichtung und Unterricht, Ludwigsfelde 2002 S.17.

Blumenfeld, Franz, Freiburg, 1. August 1914, In: Dithmar, Reinhard (Hrg.), Langemarck. Ein Kriegsmythos in Dichtung und Unterricht, Ludwigsfelde 2002 S.214-217.

(Dr.) Merkel,Hans, Totenehrung an der Zentralen Gedenkstätte der Deutschen Burschenschaften, Online unter http://www.burschenschaftliche-blaetter.de/netzversion/detailansicht/meldung/400/totenehrung.html [Abgerufen 26.03.15]

Thimm, Ulrich, Flandern, Ende Oktober 1914, In: Dithmar, Reinhardt (Hrg.), Langmarck. Ein Kriegsmythos in Dichtung und Unterricht, Ludwigsfelde 2002 S.230-232.

5. Literaturverzeichnis

Dithmar, Reinhard (Hrg.), Langmarck. Ein Kriegsmythos in Dichtung und Unterricht. Ludwigsfelde 2002.

Hirschfeld, Gerhard, Der Führer spricht vom Krieg:. Der Erste Weltkrieg in den Reden Adolf Hitlers, In: Krumeich, Gerd(Hrg.), Nationalsozialismus und Erster Weltkrieg, Großburgwedel 2010, S. 35-52.

Hüppauf, Bernd, Schlachtenmythen und die Konstruktion des "Neuen Menschen", In: Hirschfeld, Gerhard(Hrg.), Krumeich, Gerd(Hrg.), "Keiner fühlt sich hier mehr als Mensch..." Erlebnis und Wirkung des Ersten Weltkriegs, Düsseldorf 1993 S. 53-103.

Löffelbein, Nils, Ehrenbürger der Nation. Die Kriegsgeschädigten des Ersten Weltkrieges in Politik und Propaganda des Nationalsozialismus, Wetzlar 2013.

Weinrich, Arndt, Zwischen Kontinuität und Kritik:. Die Hitler-Jugend und die Generation der „Frontkämpfer", In: Krumeich, Gerd(Hrg.), Nationalsozialismus und Erster Weltkrieg, Großburgwedel 2010, S. 271-284.

BEI GRIN MACHT SICH IHR WISSEN BEZAHLT

- Wir veröffentlichen Ihre Hausarbeit, Bachelor- und Masterarbeit

- Ihr eigenes eBook und Buch - weltweit in allen wichtigen Shops

- Verdienen Sie an jedem Verkauf

Jetzt bei www.GRIN.com hochladen und kostenlos publizieren